Dieses Buch gehört:

_____

Sei lieb zu diesem Buch!

Für Lili und Max

5 4 3 2 1   15 14 13 12 11
ISBN 978-3-649-61030-4

© 2011 Coppenrath Verlag GmbH & Co. KG
Alle Rechte vorbehalten, auch auszugsweise
Printed in Czech Republic

www.coppenrath.de

Der kleine Ton

Eine Geschichte von Dorothee Achenbach
Mit Bildern von Antje Biber

COPPENRATH

Der kleine Ton kommt auf die Welt

Es war spät in der Nacht, als Herr Pinot wieder einmal anfing zu schnarchen.

Erst brummte er laut „krrrr", dann zischte er etwas leiser „tschsch", und schließlich folgte zum Abschluss ein zartes „Püüüüh".

Es war genau auf jenem letzten „Püüüh", mit dem der kleine Ton an der Hand seiner Eltern zur Welt kam.

Sein Papa war der große, starke „Krrrrr" und seine schöne Mama das „Tschsch". Anton – so hieß der kleine Ton – ließ die Hände los und rieb sich die Augen.

Er war ja noch ganz klein und deshalb zu so später Stunde sehr, sehr müde. Er schaute sich um und sah gleich neben sich eine rosafarbene, halbrunde Höhle, die mit kleinen Härchen ausgepolstert war.

Das war Herrn Pinots Ohrmuschel, und sie sah so gemütlich aus, dass der kleine Ton hineinkletterte. Er kuschelte sich in das Rund, schlief sofort ein und hörte nicht, wie seine Mama in den Raum schwebte und nach ihm rief.

Doch wenig später schreckte ihn eine schrille Stimme auf.

„Kannst du nicht mal mit diesem lauten Schnarchen aufhören?!", schimpfte jemand neben Herrn Pinot.

Das war seine Frau Elvira und ihre gelben Lockenwickler bebten bedrohlich.

Aus ihrem Mund strömte eine Schar langer, dünner Töne, die geradewegs am kleinen Ton vorbei in Herrn Pinots Ohr liefen.

Anton erschrak fürchterlich. „Mama, Papa?", piepste er, doch niemand antwortete.

Obwohl der Kleine vor Angst zitterte, nahm er all seinen Mut zusammen und fragte die langen Töne zaghaft: „Habt ihr vielleicht meine Mama gesehen?"

Doch die langen Dünnen schauten ihn nur erstaunt an, zuckten mit den Schultern und verschwanden ohne eine Antwort eilig im Ohrloch.

Anton wurde ganz traurig und kuschelte sich noch tiefer in die weichen Härchen. Und während er überlegte, wie er denn im Dunkeln und ganz allein nach seinen Eltern suchen sollte, fielen ihm die Augen zu und er schlief wieder ein.

Ein goldener Morgen

Etwas sehr Angenehmes weckte Anton. Er blinzelte und sah ein golden schimmerndes Viereck am Ende des Zimmers. Neugierig kletterte er aus der Ohrmuschel und stieg herab. „Jetzt suche ich meine Eltern", dachte er entschlossen und ging auf das helle Viereck zu. Verlaufen konnte er sich nicht: Die Bettwäsche war blau-weiß kariert und so balancierte er einfach immer geradeaus auf dem Muster entlang und kam sicher bis zum Ende des Bettes. Von dort sprang er in Richtung Viereck. Das war das weit geöffnete Fenster von Herrn und Frau Pinots Schlafzimmer und der Kleine landete gleich neben einem Blumentopf auf einer breiten Fensterbank.

„Oh, wie schön!", staunte er und blickte hinaus in den goldgelb aufdämmernden Morgen. Auf der Dachrinne über ihm und in einem Baum gegenüber saßen unzählige Vögel und begrüßten den neuen Tag mit einem munteren Zwitscherkonzert. Mit jedem Tirilieren kamen Tonkinder aus ihren Schnäbeln heraus und flatterten aufgeregt umher.

„Guten Morgen, liebe Sonne, guten Morgen, lieber Tag, guten Morgen, liebe Freunde!", riefen sie gut gelaunt. Der kleine Ton war mitten im Kindergarten der Töne gelandet und es herrschte ein fröhliches Durcheinander. „He, schaut mal da vorne", fiepste plötzlich ein zartes Tonmädchen und zeigte auf den kleinen Ton, der schüchtern auf der Fensterbank kauerte.
„Wie niedlich!", riefen die Freundinnen des Tonmädchens und kamen auf ihn zu. „Wie heißt du denn?", fragten sie freundlich.
Der kleine Ton erschrak ein bisschen und sagte leise: „Ich heiße Anton und ich kann meine Eltern nicht mehr finden. Habt ihr sie vielleicht gesehen?"
Das zarte Mädchen schaute ihn mitfühlend an. „Ach je, hast du sie etwa verloren? Wie sehen sie denn aus?", wollte es wissen.

Der kleine Ton wurde etwas mutiger und antwortete: „Ich war so müde, dass ich meine Mama nicht rufen hörte. Sie ist wunderschön, hat blaue Augen und rote Locken, so wie ich. Und mein Papa ist sehr groß, er hat Augen und Haare, die so braun sind wie eine Haselnuss."
Die Kindergartenkinder überlegten. „Nein", schüttelten sie die Köpfe, „die kennen wir leider nicht. Aber wenn unsere Eltern uns heute Abend abholen kommen, kannst du sie ja fragen. Aber komm du doch so lange mit uns spielen. Wir schauen uns die große Kathedrale an, da gibt es ein tolles Echo!"
Aber der kleine Ton schüttelte den Kopf und wurde ganz traurig. Er musste doch seine Eltern finden! Niedergeschlagen sah er den Tonkindern hinterher, die ihm aufmunternd zuwinkten und mit den Vögeln davonflogen.

Ein aufregender Vormittag

Da krachte es plötzlich ganz laut und Anton erschrak fürchterlich. Er wollte sich gerade verstecken, als ein großer, dicker Ton aus dem ächzenden Bettpfosten hinter ihm plumpste und sich neben ihn hievte.

„Na, Kleiner, ich bin Bruno und ich beobachte dich schon eine Weile", brummte er. „Musst keine Angst vor mir haben. Bin zwar etwas unförmig und nicht frisch gewaschen, aber mir scheint, du brauchst Hilfe."

Der kleine Ton schaute misstrauisch. Wirklich zu dumm, dass er noch nicht gelernt hatte, wie man so komisch aussehenden Tönen begegnen sollte! Aber weglaufen konnte er nicht mehr und so fasste er sich ein Herz. „Ich suche meine Eltern", sagte er tapfer, und obwohl er es nicht wollte, kullerte eine dicke Träne aus seinem Auge.

„Na, na", grummelte der Dicke und klopfte ihm etwas ungelenk auf den Rücken, „nun wein doch nicht. Sicher sind sie in großer Sorge um dich und suchen dich schon überall. Wir machen uns jetzt gemeinsam auf die Suche nach ihnen und werden sie ganz bestimmt finden. Weit weg können sie nicht sein!"

Der kleine Ton beruhigte sich etwas und stellte fest, dass ihn unter dem ungekämmten Pony des dicken Bruno zwei sehr freundliche Augen anblickten.

„Weißt du, was?", sagte sein neuer Freund aufmunternd. „Wir schauen bei Familie Pelemele vorbei. Da ist immer was los. Alle möglichen Töne treffen sich dort und bestimmt kennt einer deine Eltern."

Er nahm den kleinen Ton an die Hand, kletterte mit ihm an der Regenrinne herab und sprang mit ihm auf das Fenstersims im darunterliegenden Stockwerk. Anton lugte durch das geöffnete Fenster der Pelemeles.

Du meine Güte, da war wirklich was los! In der Mitte des Raumes stand ein großer Tisch, auf dem sich allerlei Geschirr, Gläser, Bauklötze, Zeitungen und Malstifte befanden. Drumherum saßen drei plappernde Kinder, die sich mit Löffeln an Marmeladengläsern zu schaffen machten und herausfinden wollten, wer mit Erdbeerkonfitüre die schönsten Bilder auf das Tischtuch malen konnte. Am Ende des Tisches saß ein unrasierter Mann im Unterhemd, der gleichmütig in der Zeitung blätterte und hin und wieder an einer großen Tasse nippte. Im Hintergrund spuckte ein komischer Apparat blecherne Musik aus und ein Aquarium blubberte übermütig vor sich hin.

Es herrschte ein Geklapper und Geschepper, ein Geraschel und Gekicher, dass die unterschiedlichsten Töne wild umherflogen. Anton hatte sich noch gar keinen Überblick verschafft, als eine Frau im Morgenmantel hereinkam und mit einem Baby auf ihrem Arm um die Wette schrie. Was da alles aus ihrem Mund flog! „Kannst du nicht aufpassen, du Nichtsnutz von Ehemann! Und ihr seid wohl alle verrückt geworden, schaut euch diese Schmiererei hier an!" Sie schimpfte und fluchte, und der kleine Ton machte sich noch viel kleiner, denn aus ihrem Mund kamen sehr böse aussehende Töne. Sie tobten durch das Zimmer und die Kinder duckten sich und stoben auseinander.

Verstohlen schielte Anton zu seinem Freund, doch der schien dieses Chaos zu kennen. „Ich sagte dir ja, hier ist immer was los. Herr Pelemele hat im Moment keine Arbeit, seine Frau wird nicht Herr über die Unordnung und meistens plärren alle durcheinander. Aber später beruhigen sie sich dann wieder, lachen und essen zusammen und schauen friedlich miteinander fern", erzählte Bruno. „Aha", dachte der kleine Ton, „es scheint ja wirklich sehr, sehr viele Töne auf der Welt zu geben, und jeder ist anders."

Am sympathischsten waren ihm die ganz kleinen Töne und so schlüpfte er in Richtung Baby.

Das hatte inzwischen an einer Milchflasche genuckelt und gluckste glücklich vor sich hin. Aus seinem Mündchen kamen klitzekleine Tönchen, die rosa und hellblau waren. Sie waren noch zu klein, um sie nach seiner Mama und nach seinem Papa zu fragen.

So winkte Anton ihnen nur lächelnd zu und schlich weiter zum Aquarium. „Habt ihr vielleicht meine Eltern gesehen? Ihr seid doch immer hier und könnt alles beobachten", fragte er die kugelrunden Töne, die munter auf den platzenden Wasserblasen umhersprangen.

„Nö", blubberten sie, „in dem Durcheinander hier erkennt man doch keine einzelnen Töne. Und Fremde gehen meist gleich wieder, weil der Lärm zu groß ist. Geh doch mal nach unten zu Madame Rose. Da ist es wunderschön und jeder bleibt gerne dort!"

Der kleine Ton bedankte sich und war froh, wieder wegzukommen, denn nun setzte sich Frau Pelemele an eine komisch aussehende Maschine, die sie mit Füßen trat und an der eine kleine Nadel emsig auf und ab zuckte und ein Stück Stoff bearbeitete. Das war eine Nähmaschine.

Ziemlich schrill aussehende Töne krabbelten dort herum und musterten den kleinen Ton aufmerksam mit zusammengekniffenen Augen. Schnell drehte er sich um und marschierte zurück zu Bruno.

Die schöne Madame Rose

„Ja, Madame Rose. Die feine Madame Rose. Da gehst du mal besser alleine hin, für mich gibt es da nichts zu tun", brummte Bruno und half Anton, die Regenrinne noch ein Stockwerk tiefer zu rutschen. Sie gelangten an ein großes Fenster, und als Anton in das Zimmer hineinschaute, kam er aus dem Staunen nicht mehr heraus.

Mildes Sonnenlicht fiel in den Raum und an der Wand gegenüber stand in geschwungenen Buchstaben „Ballettschule Madame Rose". Hohe Spiegel bedeckten die anderen Wände. Darin spiegelten sich junge Mädchen, die anmutige Drehungen und Sprünge vollführten.

Und die Töne! Noch nie hatte Anton so etwas Herrliches gehört und gesehen. Im ganzen Raum schwebten sie und tanzten zu der Melodie, die aus einem großen, schwarz glänzenden Kasten mit weißen und schwarzen Tasten in der Ecke des Zimmers quoll. Das war ein Flügel und immer mehr Töne kamen heraus und gesellten sich in eleganten Schwüngen zu den anderen und bildeten tanzend eine wunderbare Melodie.

Plötzlich herrschte Stille, wie festgefroren blieben die Töne und die Tänzerinnen im Raum stehen. Eine schmale Gestalt trat in die Mitte, sie trug ein zartes schwarzes Kleid und das helle Haar war zu einem strengen Knoten gebunden. Aus ihrem feinen Gesicht strahlten zwei Augen, die so blau waren wie der Himmel. Der kleine Ton war ganz verwirrt, so schön sah sie aus. Aus ihrem Mund spazierten Töne, die sich ebenso grazil bewegten wie sie selbst.

Das also war Madame Rose! Mit leichtfüßigen Schritten zeigte die Ballerina ihren Schülerinnen wirbelnde Pirouetten und wieder tanzten herrliche Klaviertöne umher. Der kleine Ton war so fasziniert, dass er fast vergaß, nach seinen Eltern zu fragen. Erst nach einer Weile schwang er sich zu einem schlanken, violetten Ton hoch und fragte leise nach seinen Eltern. Verdutzt runzelte der violette Ton die Augenbrauen.

„Was, ganz normale Allerweltstöne suchst du hier? Also wirklich! Wir leben hier in dem wertvollen Flügel und haben mit so etwas nichts zu tun! Und nun lass mich in Frieden, ich muss weiterarbeiten!", rief er verärgert. Der kleine Ton war enttäuscht und fand den violetten Ton ziemlich überheblich. Er war zwar von außen schön anzusehen, aber ein richtig gutes Herz hatte er wohl nicht. Wie konnte er Mama und Papa als Allerweltstöne bezeichnen!
Er fragte noch ein paar andere Töne. Sie waren zwar freundlicher, konnten ihm aber auch nicht helfen. „Vielleicht solltest du dich mal auf der Straße erkundigen. Da kommen doch immer ganz viele Töne vorbei!", flötete eine blonde Tondame ihm aufmunternd lächelnd zu und schwebte elfengleich davon.

Gefährliches Abenteuer

Schnurstracks ging der kleine Ton unter der Tür hindurch und hielt nach seinem dicken Freund Ausschau. Der hatte sich vorhin schnell durch Madame Roses Raum geschlichen und saß nun im Treppenhaus auf den hölzernen Stufen. Angeregt unterhielt er sich mit einem ihm sehr ähnlich sehenden Ton und ließ sich durch nichts stören, auch nicht als Anton ihn am Ärmel zupfte.

„Na, dann gehe ich eben alleine auf die Straße", dachte der Kleine trotzig und watschelte hoch erhobenen Hauptes durch die offen stehende Haustür und lief über den Bürgersteig. Oh weh, das war ein Fehler!

Eine ganze Wand grimmig schauender Töne baute sich vor ihm auf. Sie strömten aus großen, fahrenden Teilen aus Blech, die es sehr eilig hatten. Ein besonders unförmiger Pulk von Tönen, die sich gegenseitig wegschubsten und fürchterlich quietschten, saß auf großen schwarzen Gummireifen.

Wäre der kleine Ton nicht in allerletzter Sekunde zur Seite gesprungen, hätte ihn so ein Teil fast überrollt! Völlig außer Atem lehnte er sich an die Bordsteinkante und hörte aus der Ferne Brunos erschrockene Stimme, die aufgeregt rief: „Pass auf die Autos auf, du darfst doch nicht einfach auf die Straße laufen!"

Welch ein Gestank hier herrschte und welch grässlicher Lärm! Anton sah ein undurchdringliches Wirrwarr von Tönen, von denen einer unhöflicher und gröber schien als der andere. Nein, hier konnten seine Eltern unmöglich sein! Hilfe suchend schaute er sich um und bemerkte neben sich im Rinnstein ein dunkles Gitter. Aus der Tiefe schauten ihn zwei glänzende Knopfäuglein aus einem flauschig grauen Gesicht an. Erleichtert sah er ein paar Töne, die noch kleiner waren als er. Sie turnten ausgelassen auf einem Mause-Näschen herum.
„Kennt ihr meinen Papa oder meine Mama?", fragte Anton hoffnungsvoll.

„Wir haben schon gehört, dass du sie suchst", piepsten sie zurück. „Aber wir leben fast immer hier unten. Oben auf der Straße ist es viel zu gefährlich. Da gibt es Autos und Katzen und beidem möchten wir lieber nicht begegnen. Aber frag doch mal beim Bäcker gleich um die Ecke. Die zwei Töne von der Ladenklingel sehen alles, was drinnen und draußen vor sich geht."
Der kleine Ton bedankte sich und tippelte vorsichtig auf dem Bürgersteig zur Bäckerei.

Weit war es gottlob nicht und schon bald kletterte er nach oben zu den Türglocken und fragte die beiden Töne dort nach seiner Familie.

Unermüdlich waren sie am Bimmeln und antworteten hektisch: „Heute Morgen kam eine sehr aufgeregte Tondame mit der netten Oma aus dem Haus nebenan hier rein. Sie suchte ihren kleinen Jungen und fragte alle Töne danach. Aber da ihr keiner helfen konnte, ist sie wohl wieder zurückgegangen."

„Oh, danke, danke!", rief Anton und seine Stimme überschlug sich vor Aufregung. Das war bestimmt seine Mama gewesen! Eilig rannte er zurück zum Haus, kletterte die Stufe hoch zu seinem Freund, der wieder schwatzend auf der Treppe saß. „Mama – Bäcker – Oma – Haus – hier", japste er.

Es dauerte eine Weile, bis der Dicke aus dem atemlosen Bericht klug wurde. „Aha", brummelte er, „das wird Großmutter Josephine gewesen ein. Die wohnt oben neben den Pinots."

Er nahm den kleinen Ton auf die Schulter und trug ihn durch das Treppenhaus. „Jetzt hampel doch nicht so auf mir herum, wir sind ja gleich da", lachte er schnaufend und setzte seinen Freund vorsichtig vor der Wohnungstür ab.

Der Abend bei Oma Josephine

Anton schlüpfte unter Oma Josephines Tür hindurch und lief zur Fensterbank in ihrem dämmerigen Wohnzimmer. In einem großen Sessel saß dort eine alte Dame mit kleinen Silberlöckchen und einer Brille auf der Nase, die so zart war wie Libellenflügel.

Auf ihrem Schoß türmte sich ein wollenes Etwas, und in ihren Händen hielt sie lange, dünne Nadeln, auf deren stetem Klappern ein paar Töne umhersprangen. „Habt ihr meine Mama gesehen? Sie muss hier sein!", rief Anton vorsichtig in ihre Richtung. „Nein, nein", antworteten sie, „wir kennen niemanden. Wir sind ja tagein, tagaus hier drin. Seit Großmutter Josephines Wellensittich gestorben ist und unsere Nachbarin die Einkäufe erledigt, geht sie kaum aus dem Haus. Ihre Kinder sind mit den Enkeln in eine andere Stadt gezogen und sie kommen sie nur selten besuchen." Der kleine Ton bemerkte den leeren Vogelkäfig, und er sah die Kinderfotos, die in hübschen silbernen Rahmen auf der Kommode standen.

„Oh", murmelte er kleinlaut, denn es wurde ihm klar, dass die alte Dame in der Bäckerei dann ganz bestimmt nicht Oma Josephine gewesen war.

„Ich kann dir sowieso nicht helfen", tickte es da ungefragt und missmutig aus der Ecke. Auf dem Pendel einer alten Standuhr saß ein weißhaariger, streng blickender Ton. „Ich lebe schon seit Jahrzehnten hier und kann nicht weg", sagte er laut. „Wenn ich nicht wäre, wüsste der Gong nicht, wann er zu schlagen hätte, und Großmutter hätte keine Ahnung, wann sie aufstehen oder zu Bett gehen soll. Ich bleibe hier, Pflicht ist Pflicht, jawohl!", meinte er und blieb ungerührt auf seinem Pendel sitzen.

Der kleine Ton schluckte und blickte zu Oma Josephine. Traurig sah sie aus. Und sehr lieb. Als sie leise seufzend zum leeren Käfig blickte, hatte er eine Idee.

Er schaute aus dem Fenster und sah, wie die Vögel von heute Morgen von ihrem Ausflug zurückkamen und die kleinen Töne aus dem Kindergarten auf ihre Eltern warteten.

„Hallo, ihr da", rief er aufgeregt winkend, „könnt ihr nicht hierherkommen und ein Abendlied für Großmutter Josephine singen? Ihr Wellensittich ist tot und sie ist sehr einsam."

Die Tonkinder kannten die alte Dame. Sie war sehr nett und liebte Vögel. Häufig streute sie Brotkrumen für ihre gefiederten Freunde aus und lockte sie mit Kosenamen.

„Aber natürlich!", riefen sie. „Wir kommen gern." Auch jene Vögel, die von allen am besten singen konnten, flatterten direkt auf die Fensterbank. Sie stimmten ein Abendlied an, das so harmonisch und schön klang, wie es die große Stadt selten gehört hatte.

Da stand das Klappern der Stricknadeln still, Oma Josephine erhob sich aus dem tiefen Sessel und kam zum Fenster. Erst schüttelte sie ungläubig die Silberlöckchen, dann verzauberte ein glückliches Lächeln ihr Gesicht.

Als Anton das sah, tat sein Herz einen großen Sprung. Und die Vögel beschlossen, von nun an jeden Abend ihr Lied für Großmutter Josephine zu singen.

Eine glückliche Nacht

Es begann zu dämmern und nach und nach wurden die Kindergartenkinder abgeholt. Aber keine der Mütter und keiner der Väter war Antons Eltern begegnet. Die Vögel steckten ihre Köpfchen unter die Flügel, Oma Josephine ging lächelnd zu Bett und ihre Stricknadeln ruhten stumm im Wollberg.

Der dicke, alte Bruno war von den Aufregungen des Tages ganz müde, er gähnte, nahm seinen kleinen Freund mit zum Fenster von Herrn und Frau Pinot und empfahl ihm, es sich doch zwischen den Kissen bequem zu machen. Dann ächzte er zu seinem Bettpfosten und schlief ein.

Anton saß auf der Fensterbank und dachte nach. Samtschwarz zog die Nacht herauf und still zeigte der Mond sein rundes Gesicht. So viel hatte der kleine Ton heute erlebt, sein Kopf war ganz voll von all den Abenteuern, Menschen und Tönen. Er vermisste jemanden, dem er alles erzählen konnte und der ihn ganz fest in den Arm nahm. Was wohl Mama sagen würde, wenn sie von der einsamen Oma Josephine und seiner Idee mit dem Vogelgesang erfahren würde? Und ob Papa wohl böse wäre, weil er allein auf die Straße gelaufen war?

Da hörte er hinter sich – genau von dort, wo Herrn Pinots Kopfkissen lag und schon wieder ein lautes Schnarchen vernehmlich wurde – laute Freudenrufe. Als er sich umdrehte, standen da zwei wohlbekannte Töne vor ihm.

„Papa, Mama!", schrie der kleine Ton und wusste gar nicht, wen er zuerst drücken sollte.
„Wo warst du nur? Wir haben uns solche Sorgen gemacht und dich den ganzen Tag gesucht! Endlich haben wir dich wieder!", riefen seine Eltern überglücklich. Und die drei umarmten sich so innig, dass sie wie ein einziger Ton aussahen und ein wunderschöner Klang die Nacht durchzog.

Und vom Bettpfosten grummelte ein alter, dicker Ton zufrieden:
„Na, wusste ich es doch: Weit können sie nicht sein!"

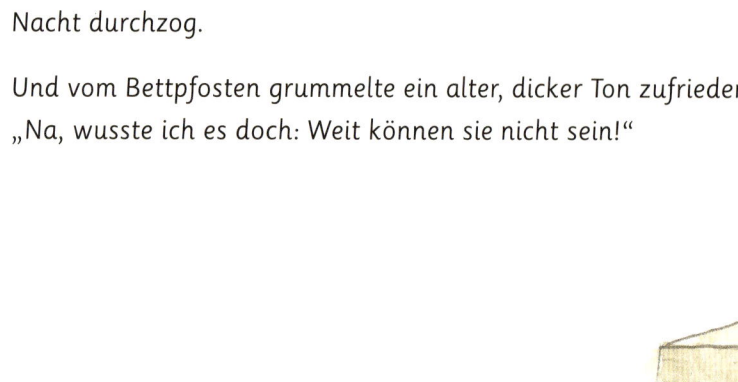